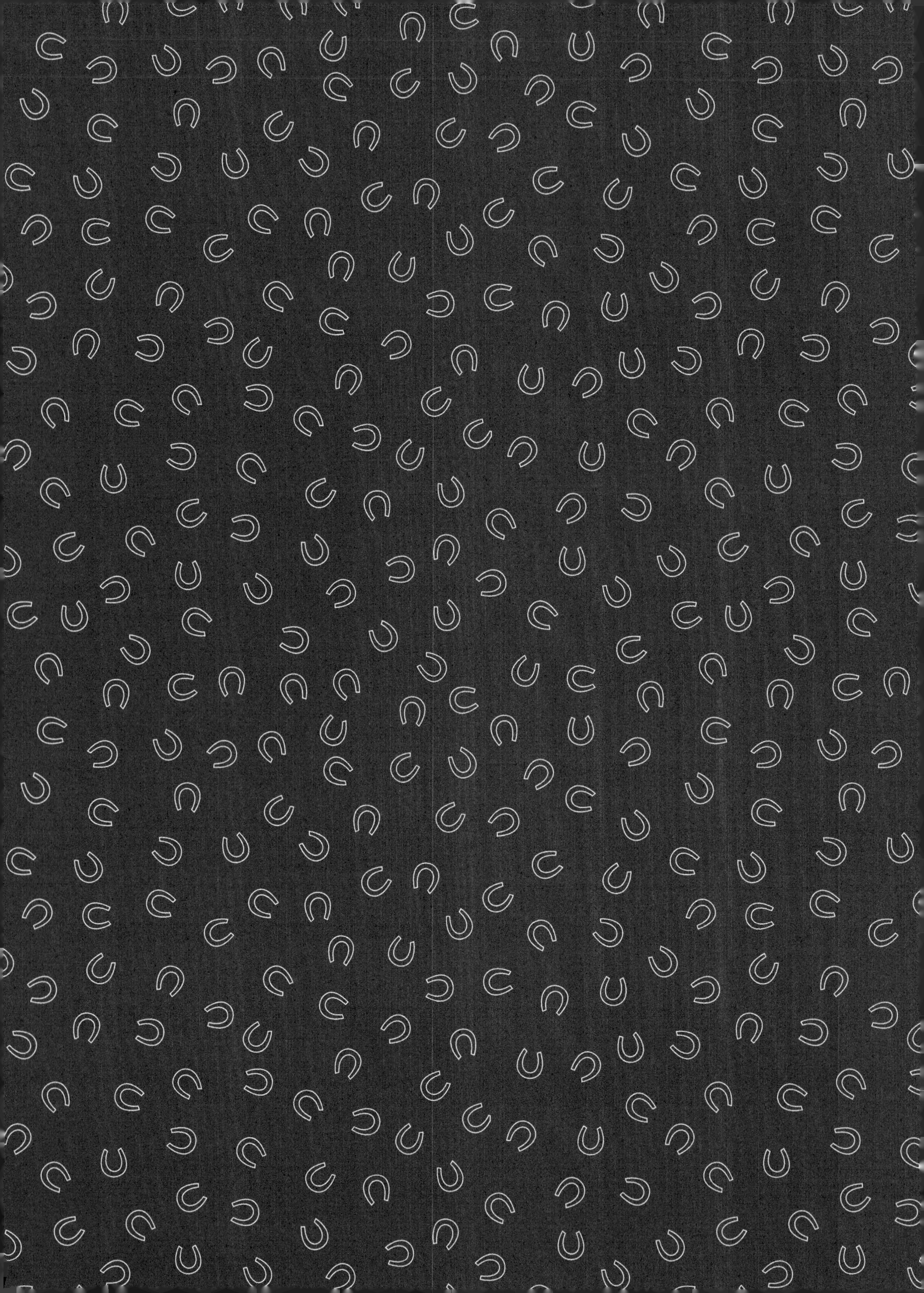

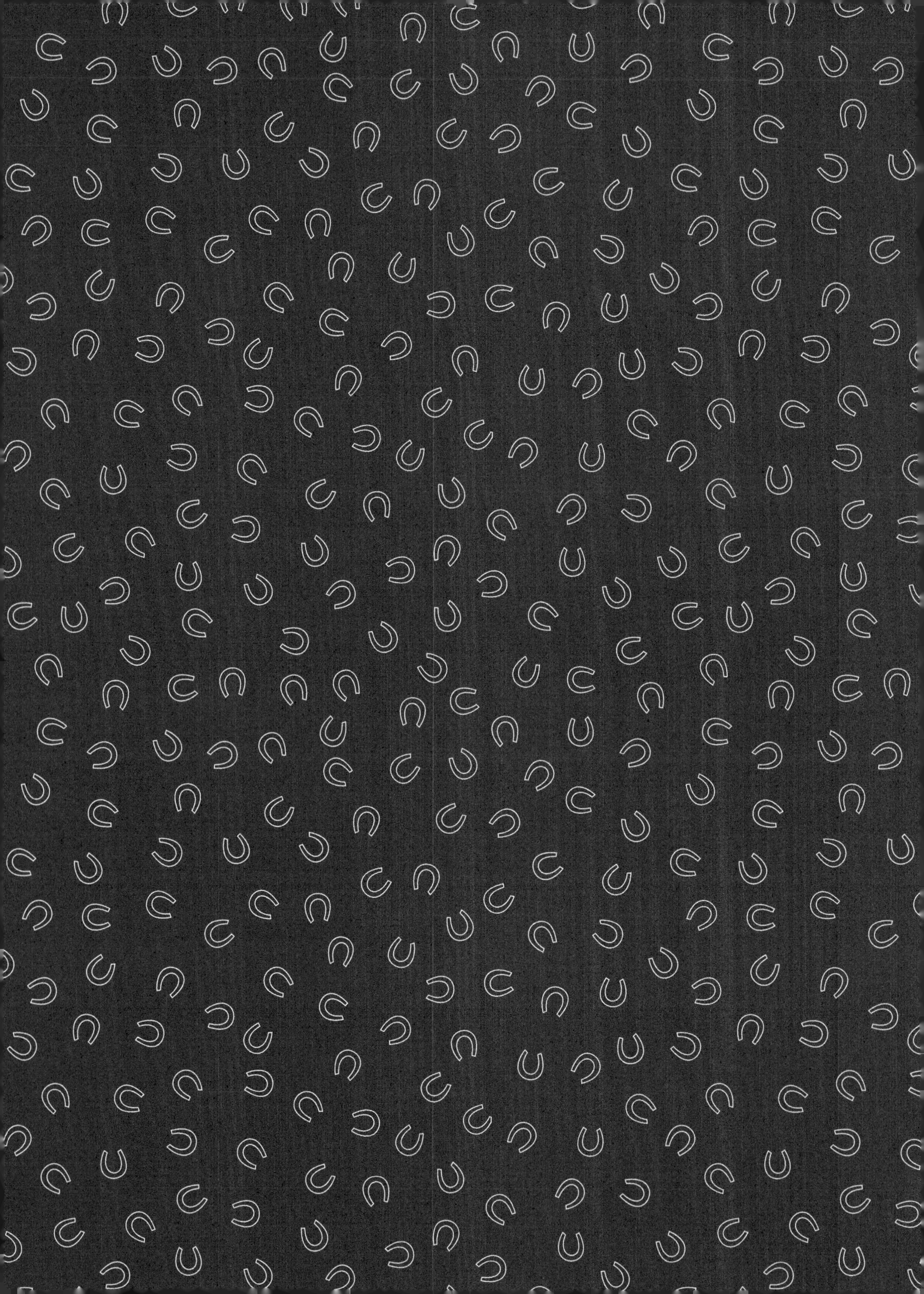

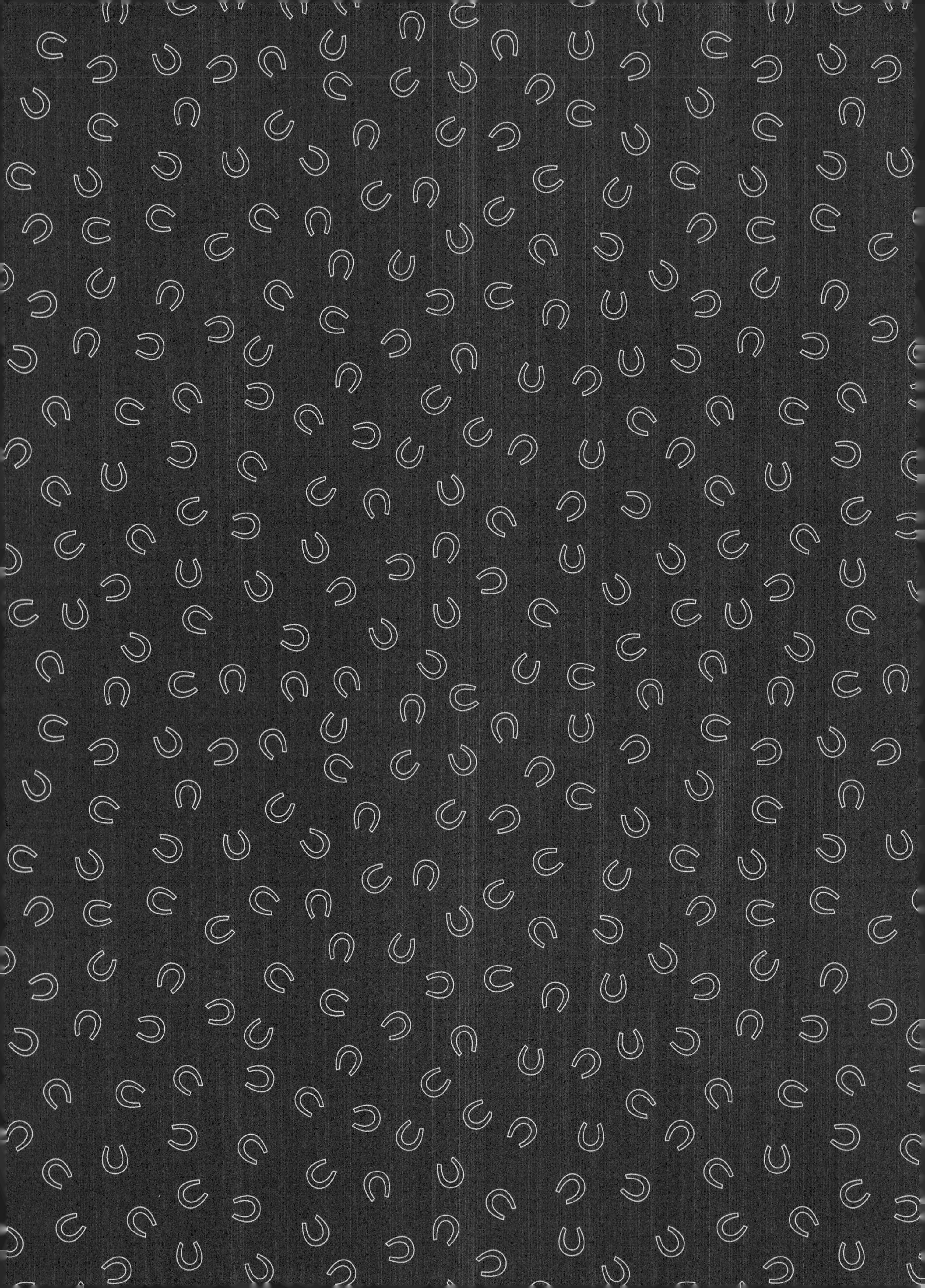

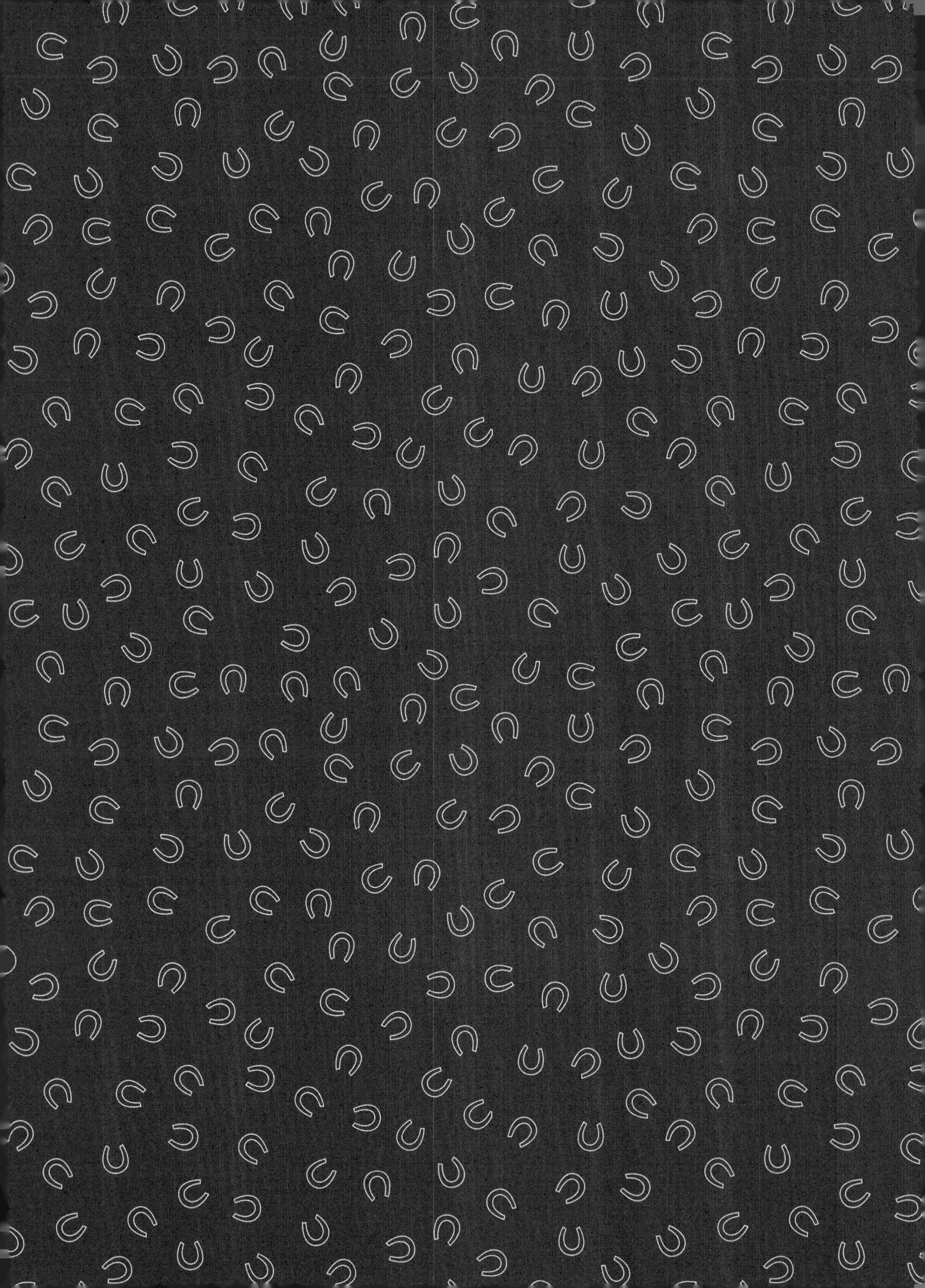

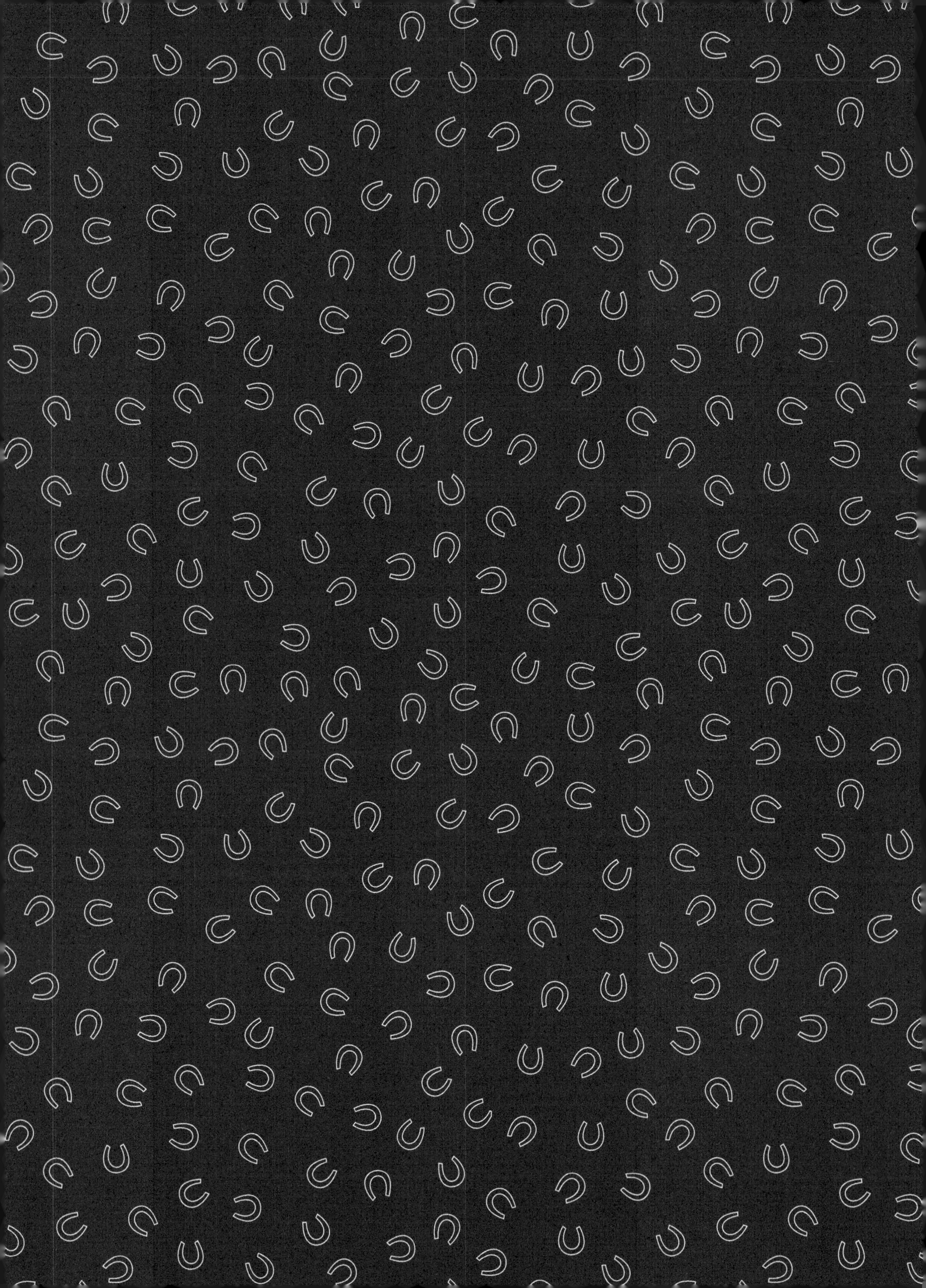

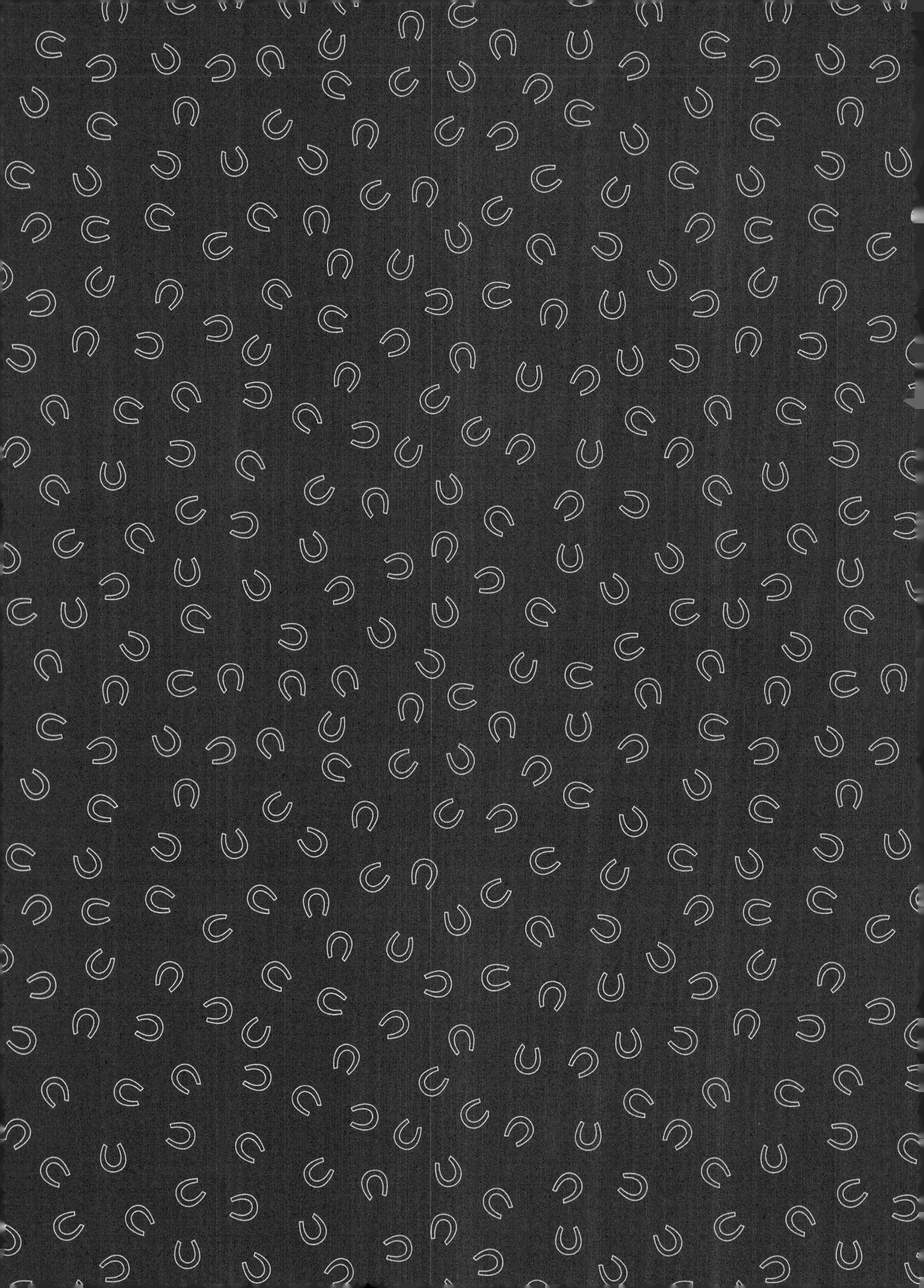

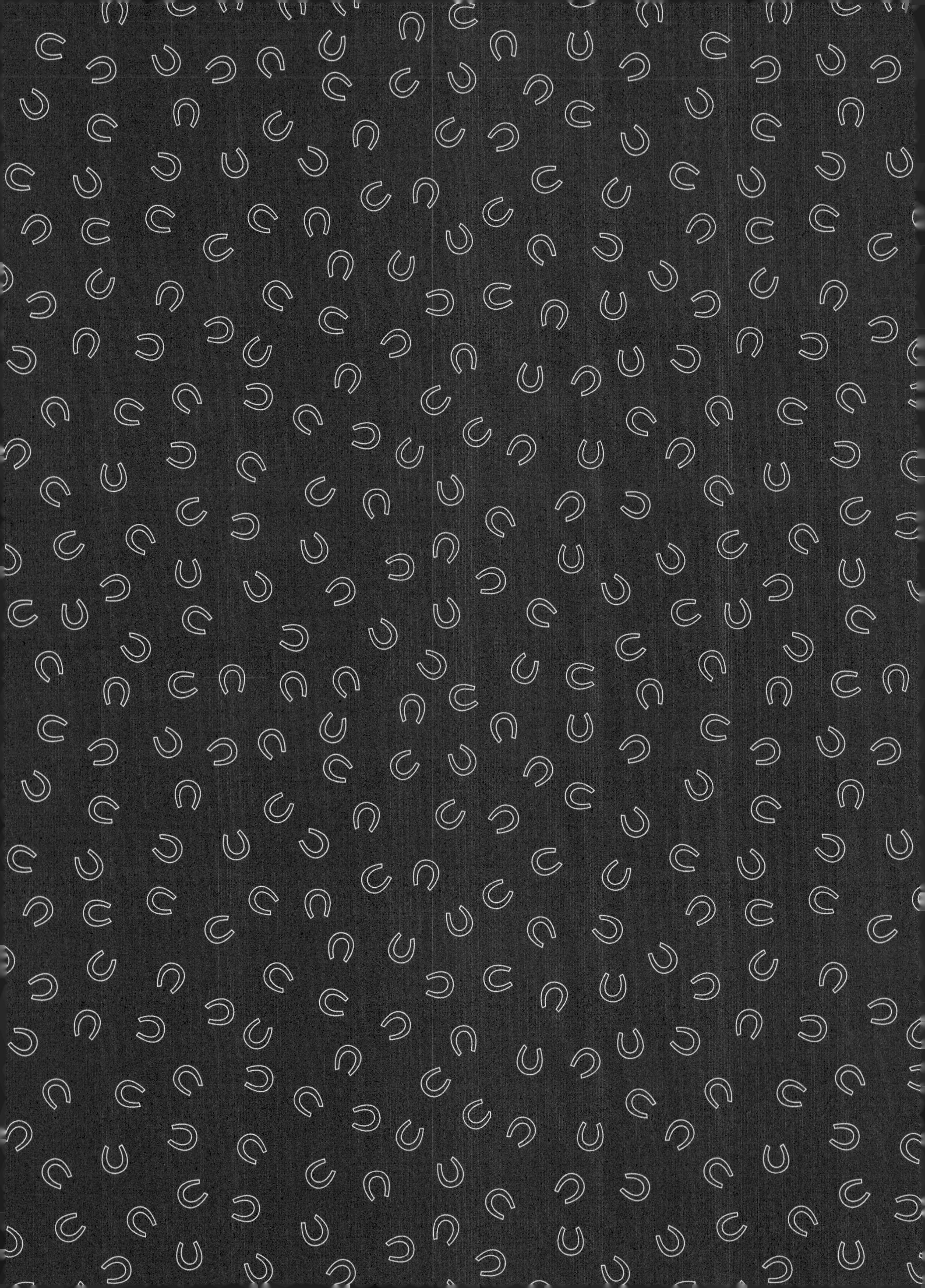

A
B

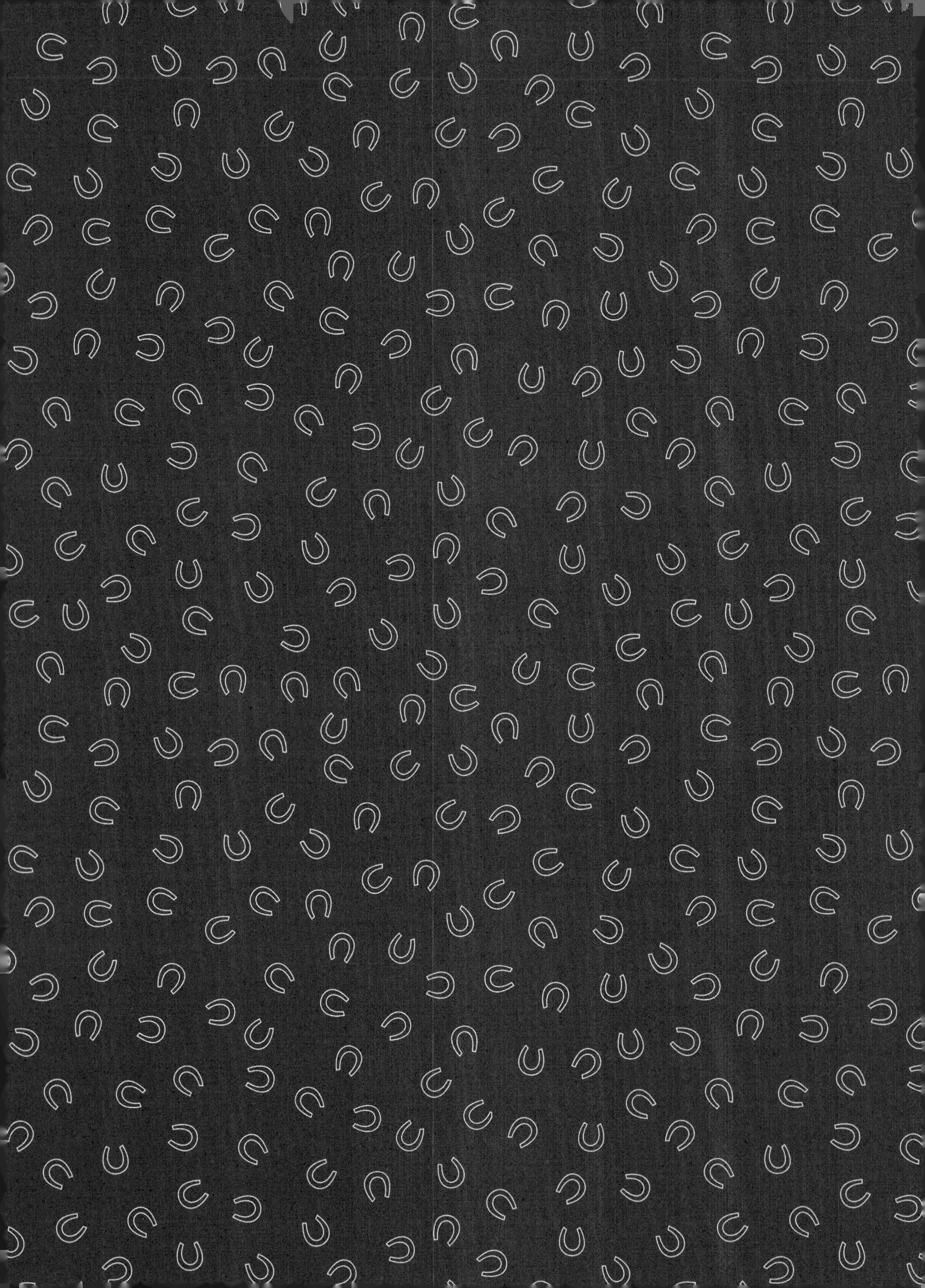

A
B

B

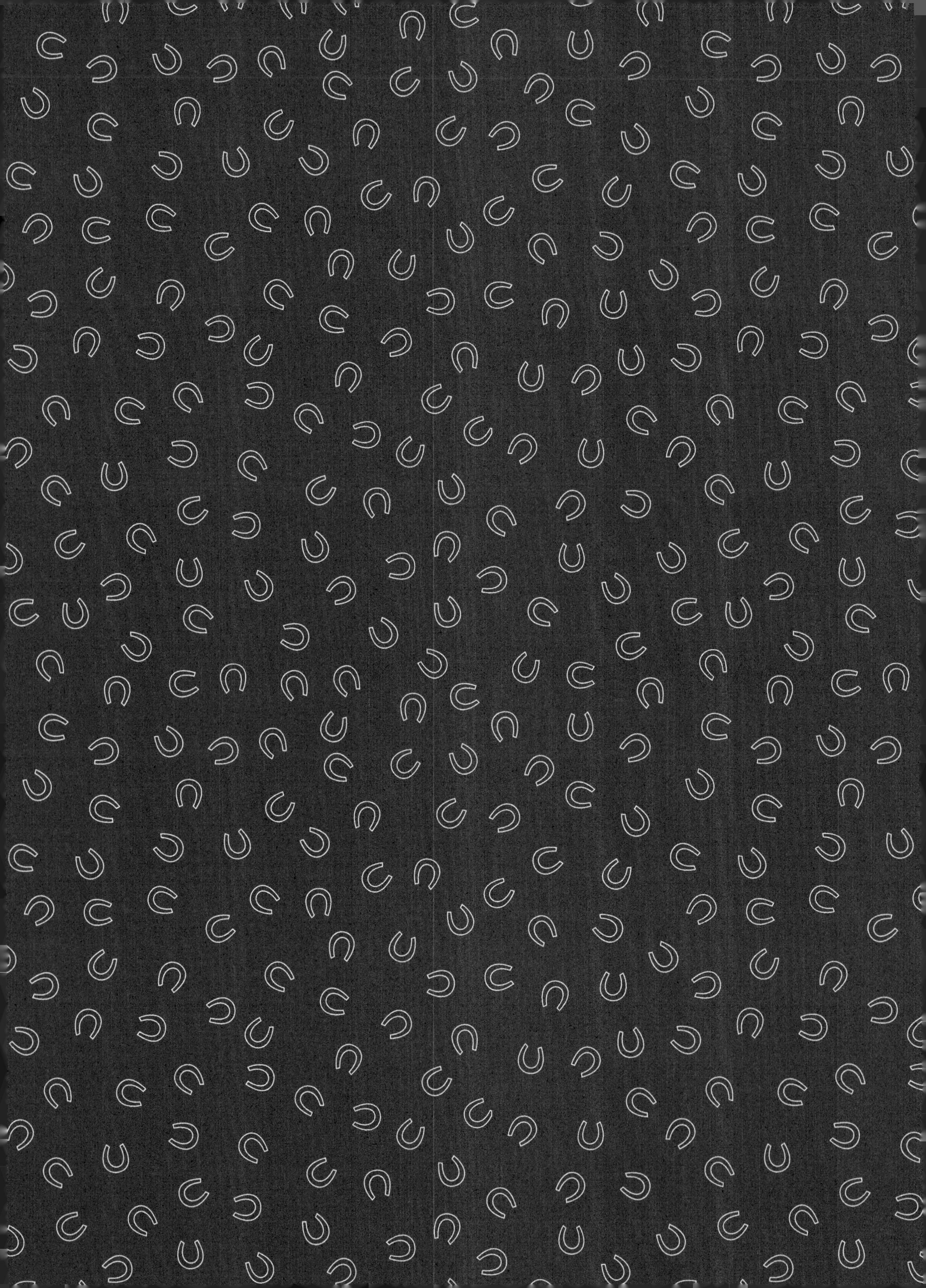

A
B

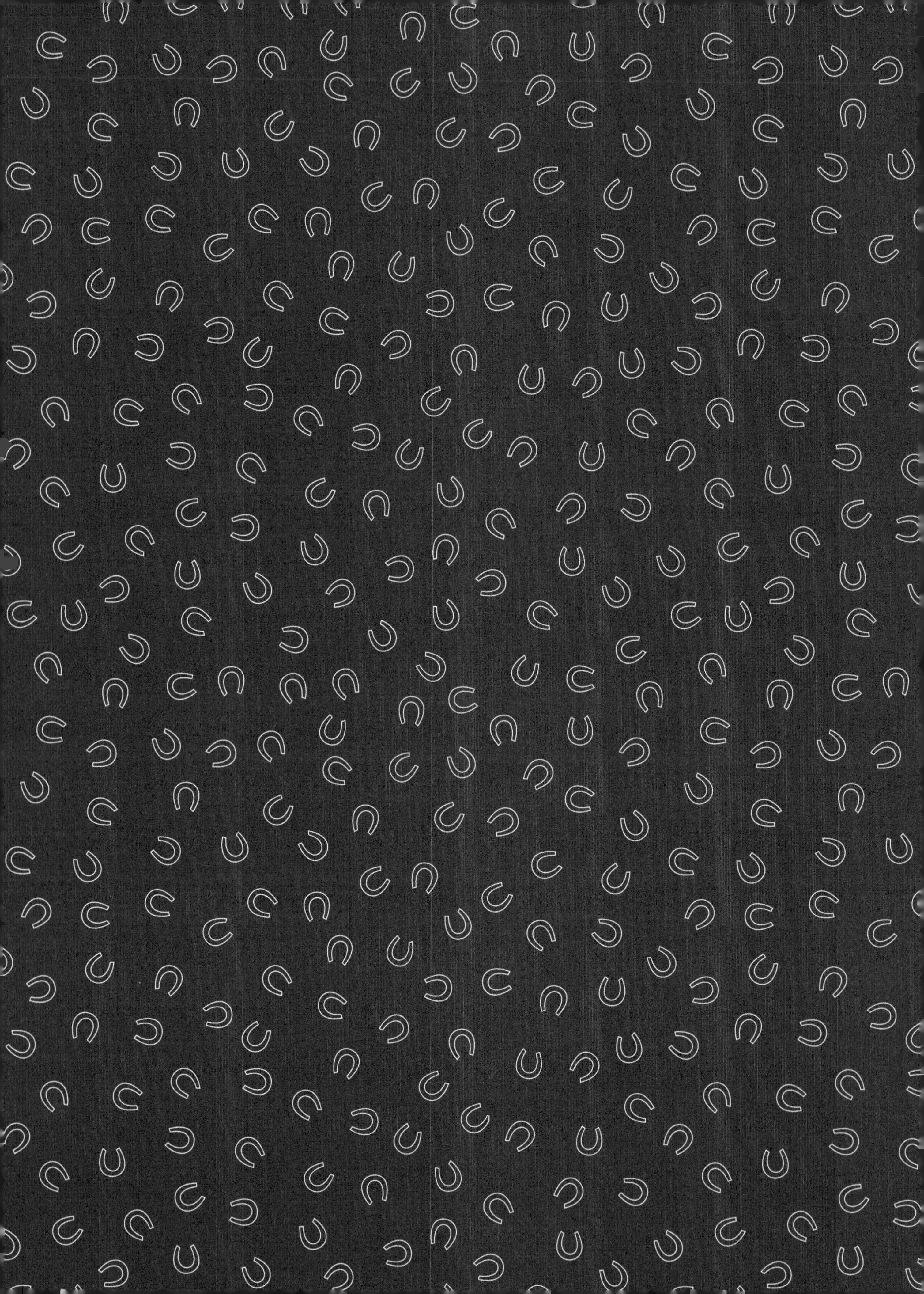

B

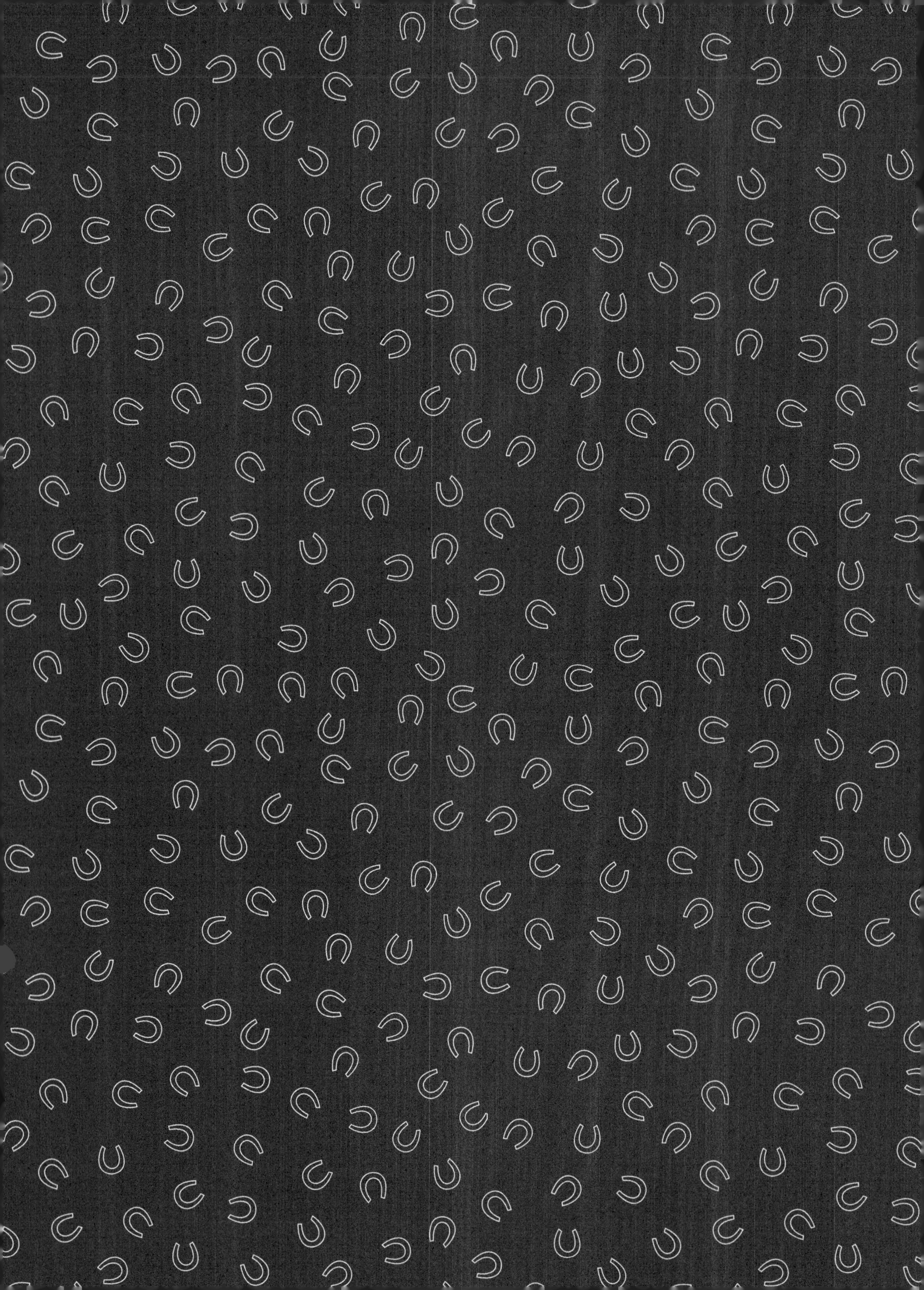

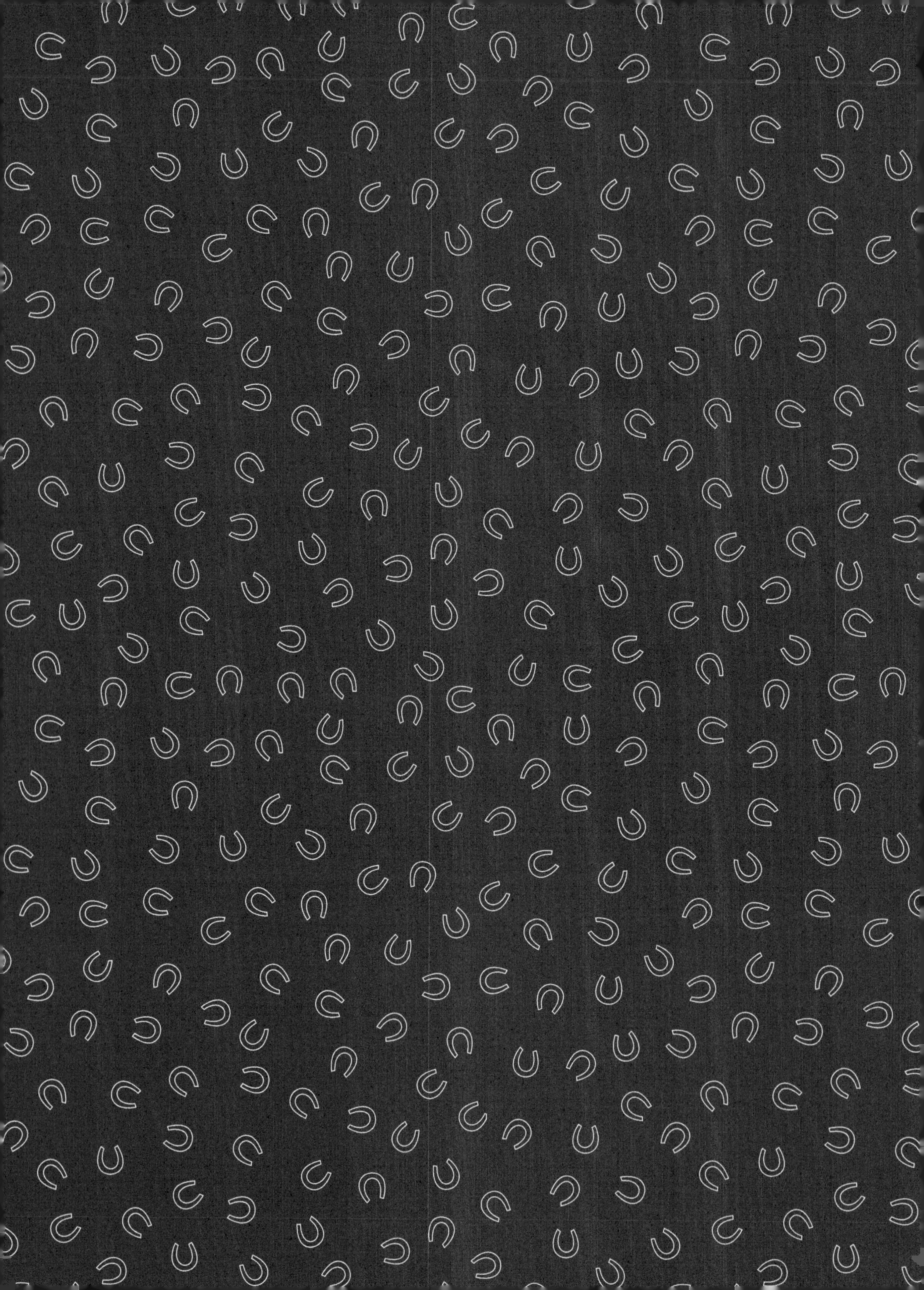

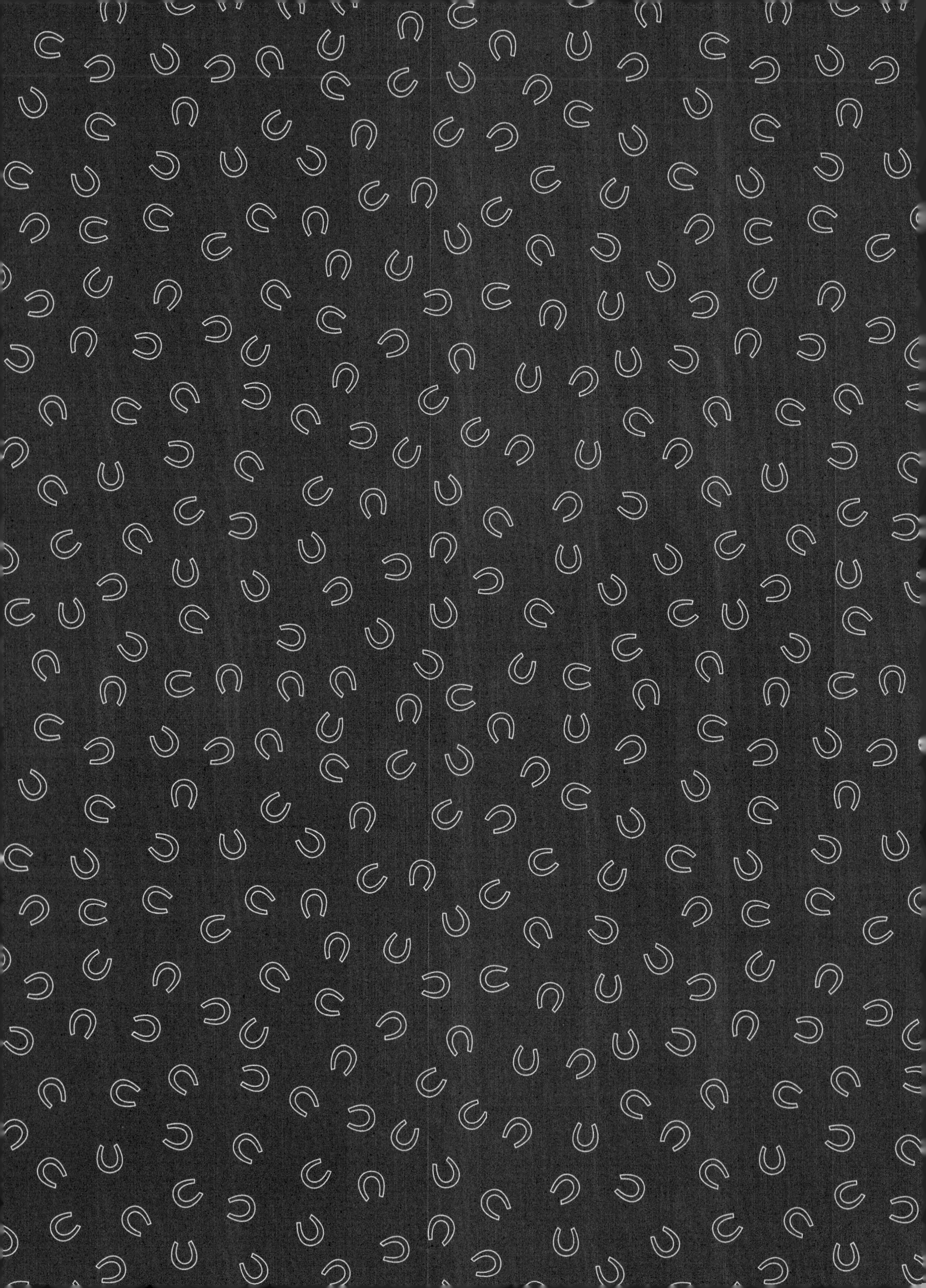

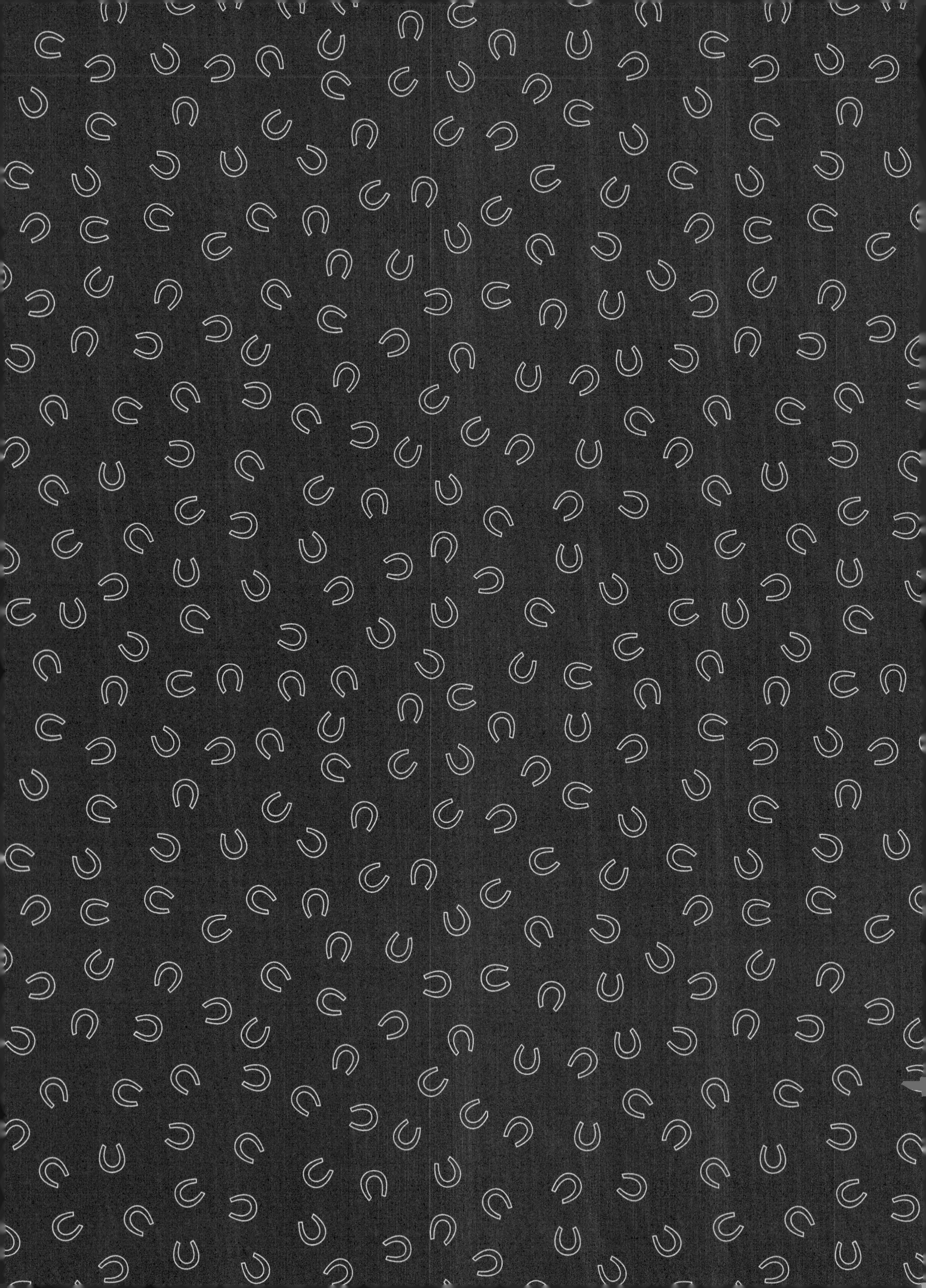

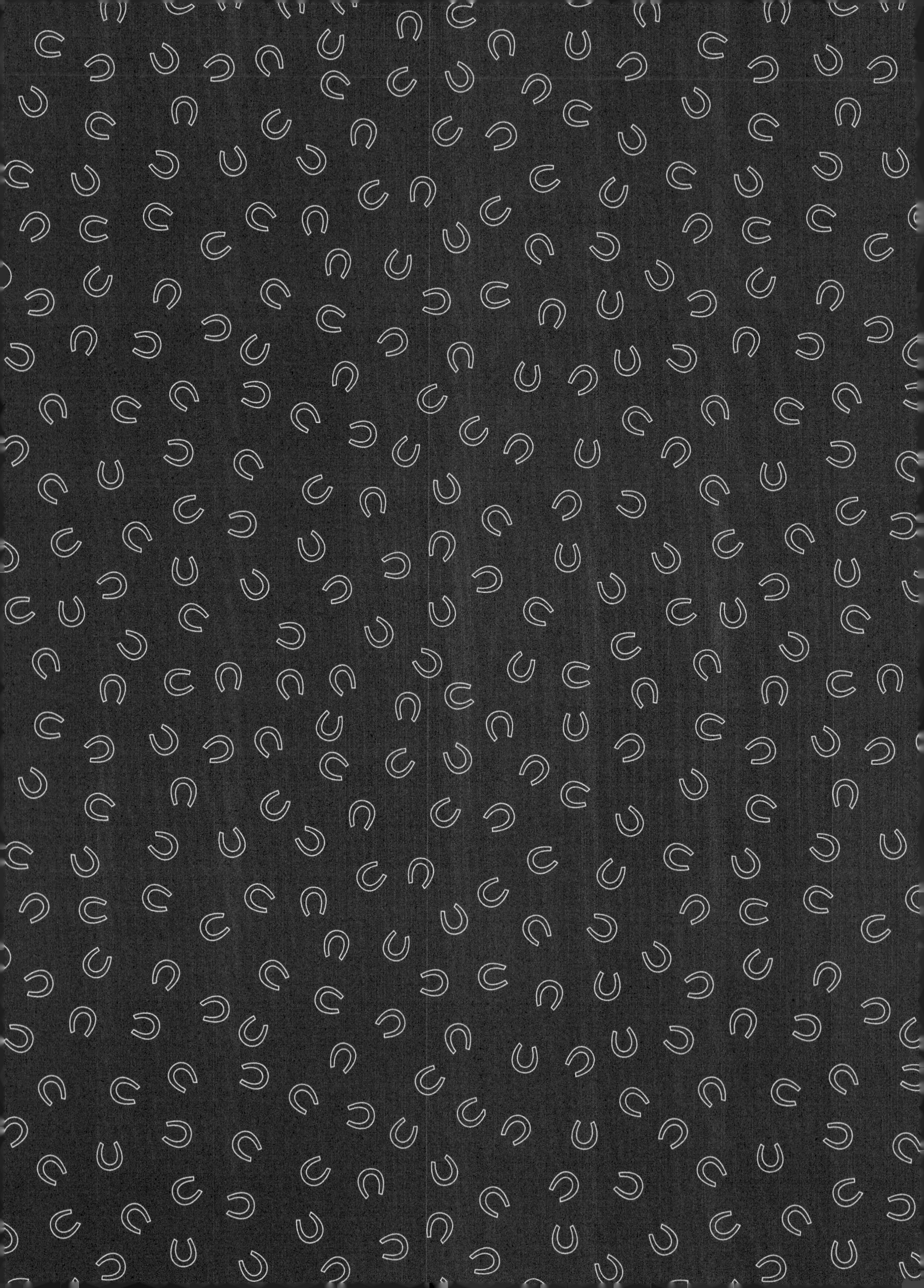

Made in the USA
Monee, IL
13 June 2022

97968679R00070